Cuentos

Bruño

Papá y mamá
son invisibles

Alfredo Gómez Cerdá

Ilustración
Anne Decis

Taller de lectura
Carlos Álvarez

© Alfredo Gómez Cerdá.
© Grupo Editorial Bruño, S. L., 1998.
Juan Ignacio Luca de Tena, 15. 28027 Madrid
www.brunolibros.es

Dirección editorial
Trini Marull

Edición
Cristina González
Begoña Lozano

Preimpresión
Mar Morales
Francisco González

Diseño
Inventa Comunicación

Este libro dispone de un **cuaderno de Lectura Eficaz,
Juegos de Lectura, n.° 74**

Primera edición: junio 1998
Duodécima edición: marzo 2011

ISBN: 978-84-216-9252-3
D. legal: M-2701-2011
Impresión: Gráficas Rógar, S. A.

Printed in Spain

Alfredo Gómez Cerdá

El autor

- Nací en la periferia de Madrid. Si miraba a un lado,
  veía los edificios; si miraba al otro, el campo abierto.

- Primero estudié en varios colegios de mi barrio;
  luego, en un instituto muy viejo del centro
  de la ciudad. Estudié también en la Universidad una
  carrera llamada Filología Española. Quería descubrir
  los secretos de la lengua y la magia de la literatura.

- He publicado alrededor de cincuenta libros. Algunos
  han merecido premios, como el Altea, accésit
  del Lazarillo, El Barco de Vapor, Il Paese dei Bambini
  (en Italia)…

- Las dos cosas que más me gustan son leer y escribir;
  por eso los libros me acompañarán siempre.

alta mar

Cualquier historia necesita una chispa
que la encienda, que la ilumine
en algún rinconcito de nuestro cerebro.
Para escribir *Papá y mamá son invisibles*
se juntaron dos chispas a la vez.

La primera fue el relato de un niño de ocho o nueve
años que tenía que vestirse, desayunar, cerrar la
puerta e ir hasta el colegio él solo, porque sus padres
se marchaban a trabajar muy temprano. Un día este
niño se dejó la llave olvidada dentro de su casa y,
cuando sus padres volvieron del trabajo, se lo
encontraron hecho un ovillo, aterido de frío y muy
asustado porque se había pasado muchas horas
esperándolos en el porche de la entrada.

La segunda chispa fue un libro de dibujos
de un italiano llamado Francesco Tonucci.
El título de este libro lo dice todo:
la soledad del niño.

Alfredo

Para Alicia.

1

Acaba
de colorear su dibujo

ACABA de colorear su dibujo
y lo mira de arriba abajo.
Piensa que le ha quedado
bastante bien.

Durante toda la semana han estado
leyendo un libro en clase.
Era un libro muy divertido
que trataba de un tren de mercancías
y de dos maquinistas que no sabían
decir que no.

—Ahora vais a hacer un dibujo de lo que
más os haya gustado del libro –les dijo
Paloma, la profe.

Alberto estuvo pensando un momento
en aquel libro. Muchas imágenes acudían
a su mente.

Pero al final decidió dibujar
un tren de mercancías,
con un montón de vagones y con
una máquina que echaba humo
por una chimenea muy larga.

Y debajo del tren dibujó las vías.
Eso sí que le costó trabajo,
ya que dibujar unas vías
es más difícil de lo que parece.

Y al fondo, dibujó unas montañas
muy altas y unas nubes que jugaban
al escondite entre las cumbres
nevadas.

Delante del tren
había dibujado también un niño
que miraba con atención
la fila tan larga de vagones.

Sí, Alberto está seguro
de que ha hecho un buen trabajo
y de que Paloma le pondrá un *muy bien*
en una esquina, con su bolígrafo rojo.

Va a levantarse para llevar
su dibujo a Paloma,
pero ve que varios niños
y niñas, con sus dibujos en la mano,
rodean la mesa de la profe.
Será mejor esperar
un rato.

Se inclina hacia delante y se apoya
sobre la mesa. El borde se le clava
un poco y nota un objeto duro
a la altura del pecho. No se sorprende,
porque sabe de sobra lo que es
aquel objeto.

Alberto mira a su derecha,
y luego a su izquierda.
Comprueba que nadie le está
mirando y, después, con cuidado,
introduce una de sus manos
por el cuello, por debajo de la camiseta.
Tantea con los dedos hasta que
encuentra una cadena. La coge
y tira de ella con cuidado.

Esconde entre sus manos
lo que cuelga de la cadena.

Papá y mamá le han dicho
que no debe enseñárselo a nadie.

Alberto permanece un rato
con las manos juntas, bien apretadas.
Luego, muy despacio,
comienza a separarlas.
Se queda mirando esa plaquita de oro
llena de letras que cuelga
de la cadena.
Lee:

Alberto González Canals
Calle de la Palmera Alta, 27
4º B
Grupo sanguíneo: A +

Esa plaquita la lleva
desde que era pequeño, muy pequeño.
Se la compró su madre
cuando empezó a ir a la guardería.
Entonces era tan pequeño
que no sabía hablar,
ni siquiera andar.

A veces piensa que es absurdo
llevar esa plaquita, ya que ahora se sabe
de memoria su domicilio y su grupo
sanguíneo, y los teléfonos de los trabajos
de sus padres, y muchas cosas más...
Pero sus padres prefieren que siga
con ella al cuello.

—Es mejor que la lleves, por si acaso
–le dice su madre.

—Por si acaso, ¿qué? –pregunta Alberto.

Pero su madre no le contesta.
Le mete la plaquita por debajo de la ropa
y le da un beso.

Alberto abre un poco más las manos
y se queda mirando
un par de llaves,
que también cuelgan
de la cadena.
Una es la llave
del portal y la otra
es la de su casa.

—¿Sabrás distinguirlas?
–le preguntó su padre
cuando se las estaba
colgando de la cadena.

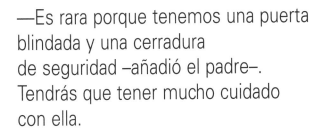

—Pues claro –respondió
Alberto–. Es facilísimo:
la del portal es una llave
normal y corriente,
y la de casa es una llave muy rara.

—Es rara porque tenemos una puerta
blindada y una cerradura
de seguridad –añadió el padre–.
Tendrás que tener mucho cuidado
con ella.

—Lo tendré.

—No se la enseñes a nadie
y de vez en cuando
asegúrate de que la llevas colgada
de la cadena.

—Descuida, papá,
que ya no soy un bebé.

Alberto se queda mirando la plaquita
y las dos llaves que cuelgan
de la cadena. Las mira y las remira
sin saber por qué.

—¿Qué tienes ahí?
–le pregunta de pronto Begoña.

Alberto cierra las manos de inmediato.

—Nada –responde.

—¿Es un secreto?
–vuelve a preguntar Begoña.

—Sí. Digo, no. Digo…

Begoña es la mejor amiga de Alberto
y con ella no tiene secretos.
Por eso, vuelve a abrir las manos
muy despacio.

—Son las llaves de mi casa –dice.

—¡Ah! –exclama Begoña.

Alberto se vuelve a guardar la cadena,
con la plaquita y las llaves. Hace un gesto
extraño y mueve el cuerpo.

—¿Qué te pasa? –le pregunta Begoña.

—Es que me hacen cosquillas y,
además, están frías.

—¿Y no te molesta llevarlas siempre
colgadas?

—El viernes pasado, jugando
al fútbol en el recreo, me dieron
un balonazo en el pecho y se me
quedó marcada la forma de las llaves
en la piel durante todo el día.

—¿Y te dolía?

—No.

Begoña enseña su dibujo a Alberto,
que lo mira con detalle intentando
descubrir de qué se trata.
Parece un animal de cuatro patas,
de color verde, con un cuello muy largo

y una cabeza grande con dos cuernos,
uno hacia arriba y el otro hacia abajo.
Detrás del extraño animal hay algunos
árboles. También está el sol,
con unos rayos enormes.

—Mira –Begoña le señala una esquina
del dibujo–. Paloma me ha puesto
un *muy bien.*

—Te ha quedado estupendo –reconoce
Alberto–. Pero ¿qué animal es éste?

—Un toro –responde con seguridad
Begoña.

—¡Un toro! –se sorprende Alberto.

—Los trenes de mercancías
transportan
ganado: ovejas,
vacas y también
toros. Por eso
he dibujado
un toro.

—¡Ah!

—Paloma me ha dicho que no hay toros
de color verde, pero que me había salido
muy bien.

Begoña se dirige a su asiento. Alberto
piensa que si Paloma le ha puesto a ella
un *muy bien* por su dibujo, a pesar
de haber dibujado un toro de color verde,
a él también tendrá que ponérselo.
Su tren le ha quedado precioso.

Se levanta de la silla y se dirige a la mesa
de Paloma. Tiene que esperar un rato,
hasta que Álex y Ainhoa recogen
sus dibujos y regresan a sus mesas.

—A ver tu dibujo, Alberto
–le dice la profe.

Alberto le enseña el dibujo
y le da algunas explicaciones.

—Yo he dibujado un tren –dice–. Ésta es
la máquina y éstos son los vagones,
y lo de aquí abajo son las vías.

—¡Qué bonito! –exclama Paloma.

Alberto sonríe, satisfecho,
y continúa hablando:

—Esto de aquí son las montañas
y las nubes.

—¡Me encanta!

Por último, Alberto señala al niño
que contempla el paso del tren.

—Y aquí hay un niño con su papá
y su mamá. Están viendo pasar
el tren.

—¿Y dónde están su papá y su mamá?
–pregunta Paloma.

—Aquí –Alberto señala en el dibujo–.
Al lado del niño.

—Pero se te ha olvidado dibujarlos.

—No se me ha olvidado.

—¿Entonces...?

—Es que su papá y su mamá son invisibles. Por eso no se les ve.

—¡Ah, claro! –exclama Paloma.

Luego, la profe coge su bolígrafo rojo y escribe en una esquina: *muy bien*.

Alberto recoge su dibujo y regresa satisfecho a su mesa.

2

En el patio
del colegio

EN el patio del colegio, durante
el recreo, Alberto no quiere jugar
al fútbol, como otros días, y se queda
solo en un rincón, entre los árboles.
Se esconde detrás de los troncos
para que nadie le vea.

Luego cierra los ojos,
aprieta los dientes y procura apartar
todos los pensamientos de su cabeza.

No quiere pensar en nada: ni en sus
amigos y amigas, ni en el colegio,
ni en el recreo, ni en el dibujo del tren
de mercancías... ¡En nada!

Una mano gigante se acerca hasta su cabeza con una goma de borrar, también gigante, entre los dedos. La mano hace pasar la goma de borrar por encima de sus pensamientos y los borra poco a poco.

—¡Ya está!

Entonces Alberto empieza a imaginarse que su cuerpo se va volviendo transparente, como si fuera de cristal, o de agua clara, o de aire...

Lo primero que se vuelve transparente es su frente y su pelo; luego, el resto de su cabeza. Poco a poco, los hombros y los brazos empiezan a desaparecer, y también el resto de su cuerpo: la cintura, las caderas, los muslos...

Sólo le quedan visibles las dos pantorrillas.

Alberto piensa que sería muy divertido
cruzar así el patio. ¡Menudo susto se iban
a llevar sus compañeros al ver avanzar
dos pantorrillas sin nada encima!

Podría colarse en medio del partido
de fútbol que unos cuantos niños están
jugando en el patio. Seguro que esta vez
metía un gol.

Pero Alberto no quiere asustar a nadie.
Vuelve a concentrarse y logra
que desaparezcan, por último,
sus pantorrillas y sus pies.

«Creo que esta vez lo he conseguido»,
sonríe muy satisfecho.
Pero, al instante, oye una voz
a sus espaldas que le hace dudar.

—Alberto, ¿qué haces aquí?
–es la voz de Begoña.

—¿Me ves bien? –pregunta Alberto,
a pesar de todo.

—Pues claro que te veo
–responde Begoña.

—¿Estás segura?

—Que sí...

Alberto abre los ojos, desilusionado.

Alberto y Begoña hablan
durante un rato entre los árboles
del patio del colegio.

—Trataba de volverme
invisible –le explica
Alberto.

—¿Invisible?
–se extraña Begoña.

—Sí.

—Nadie puede volverse invisible.

Alberto sonríe para sí.
Sabe que Begoña nunca le creerá.
Pero él está seguro de lo que dice.

—Algunas personas se vuelven invisibles
cuando quieren –insiste Alberto–.
Yo conozco a algunas.

—¿De verdad...? –duda Begoña.

—Claro que sí. Y a mí también
me gustaría volverme invisible,
pero no sé cómo hacerlo.

—Pues pregunta a esas personas
que conoces.

—No quieren decírmelo.

—¿Por qué no quieren?

—No lo sé; a lo mejor me consideran
demasiado pequeño.
Pero te aseguro que lo averiguaré.
Creo que ya estoy a punto
de conseguirlo.

—¿En serio?

—Estoy convencido de que sólo puedo
volverme invisible de dos maneras:
o con el poder de la mente o tomando
alguna pastilla. Cuando tú has llegado
lo estaba intentando con el poder
de la mente.

—¿Y conseguiste volverte invisible?
–Begoña se ha dejado cautivar
por el relato de Alberto.

—Ya ves que no.

—Es verdad –cae en la cuenta Begoña–.
Entonces..., tendrás que probar
con una pastilla.

—Lo malo es que
no sé qué
pastillas son
las que hacen
que una persona
se vuelva
invisible.

Alberto y Begoña se reúnen con un grupo
de compañeros y compañeras que
no juegan al fútbol. Están hablando de los
trabajos de sus padres y de sus madres.

Sólo la madre de Lali no trabaja, y todos
los días la lleva al colegio por la mañana.
Por la tarde, la espera en la puerta
de la calle, junto a la verja de hierro,
y le lleva la merienda envuelta en papel
de aluminio. Todos conocen
a la madre de Lali.

El padre de Jacobo tampoco trabaja.
Su fábrica cerró porque estaba en crisis.
Ahora, el padre de Jacobo está
en el paro, pero todos los días busca

trabajo en los anuncios del periódico
y envía muchos *currículum vitae*.

—¿Y eso qué es? –le pregunta Begoña
a Jacobo.

—Pues una hoja donde pone
lo que mi padre sabe hacer –responde
Jacobo–. Casi todos los días manda uno
por correo. Son todos iguales y pega
una fotografía en la parte de arriba.

—Será para que le conozcan
–interviene Alberto.

—Eso pienso yo.

—Se gastará mucho dinero
en fotografías –añade Lali.

—Ya lo creo. El otro día le dijo
al fotógrafo que quería veinticinco
copias de una foto.

Los demás padres y madres
trabajan en empresas, en bancos,
en fábricas, en hospitales, en oficinas...

El padre de Mari Pili es conductor
de autobuses.

—¡Qué suerte! –exclama Luis–.
A mí me encantaría ser conductor
de autobuses.

—Pues mi padre dice que es muy
cansado.

—Prefiero ser conductor de autobuses
antes que frutero –Luis dice eso
porque sus padres tienen una frutería
en el mercado y se pasan el día entero
detrás del mostrador.

La madre de Begoña es médica,
y su padre, vendedor de medicinas.
Se conocieron cuando un día su padre
fue a enseñar un catálogo de medicinas
a su madre, se hicieron novios
y se casaron.

—Pues a tu madre le saldrán muy baratas
las medicinas, porque seguro
que tu padre le hace rebaja
–dice Jacobo.

—Mi madre no compra medicinas,
sólo se las receta a las personas
que están enfermas
–aclara Begoña.

—Yo fui hace poco al médico
porque tenía fiebre, y me recetaron
supositorios –añade Mari Pili.

—Yo prefiero jarabe –dice Luis–.
Claro que, entre supositorios
y una inyección en el culo..., me quedo
con los supositorios.

De pronto, todos se quedan mirando
fijamente a Alberto. Es el único
que no ha dicho en qué trabajan
sus padres.

—Mi padre y mi madre son invisibles
–dice.

Todos ponen gesto de extrañeza.

—¡No te quedes con nosotros!
–le reprocha Jacobo.

—¡Es verdad! –se enfada Alberto.

Todos le abuchean porque piensan
que está tratando de tomarles el pelo.

En ese momento, suena el timbre
que marca el final del recreo. Salen
disparados hacia la puerta de entrada
y se olvidan de lo que estaban hablando.

Delante de la puerta van formando
filas, por clases. Los profesores
y las profesoras
ya están esperándolos
junto a la puerta.
Todos hablan a la vez
y el barullo es tremendo.

Alberto trata de ponerse detrás
de Begoña y, para conseguirlo,
tiene que pelearse con Jacobo.

—¡No me empujes! –protesta Jacobo.

—¡Que te quites de ahí! –forcejea Alberto.

—¡He llegado yo antes!

Paloma, la profe,
tiene que intervenir
para poner un poco
de paz.

—¡Vosotros dos!
¡Dejad de pelearos!

Alberto ha tenido suerte y Paloma
le ha colocado justo detrás de Begoña.
Cuando van por el pasillo, le da unos
golpecitos en el hombro.

—¿Qué quieres?
–Begoña vuelve
la cabeza.

—¿Es verdad que tu madre es médica
y tu padre vendedor de medicinas?

—Sí.

Entran en clase y cada uno se va
colocando en su sitio.
Alberto permanece de pie, junto a
la mesa de Begoña.

—Me gustaría hablar contigo a la salida
–le dice Alberto a Begoña–.
Es muy importante para mí.

—No sé si podré.

—¿Por qué?

—A la salida viene a buscarme Chelo.

—¿Y quién es Chelo?

—Pues una chica que va todos los días
a mi casa a limpiar. Cuando termina,
viene a recogerme al colegio y me lleva
hasta casa. Pero siempre tiene prisa,

porque por las tardes
va a estudiar a una academia.

Paloma, la profe, da un par de palmadas
y pide silencio. Luego se queda mirando
a Alberto y le dice:

—A tu sitio.

Y Alberto tiene que interrumpir
su conversación con Begoña.

3

Al oír el timbre
de salida

AL oír el timbre de salida, Paloma cierra el libro que tenía sobre la mesa y dice:

—No os olvidéis de que mañana tenéis que traerme un cuento escrito por vosotros. Bastará con media página. Ya podéis salir.

Alberto comienza a recoger sus cosas a toda velocidad. Esta tarde quiere ser el primero. Mete los libros y los cuadernos en su mochila. Luego coge el pequeño estuche de plástico donde guarda sus lápices y…

—¡Oh, no! –exclama desesperado.

Se le había olvidado cerrar la cremallera
del estuche y, al cogerlo,
todos los lápices, y la goma de borrar,
y el sacapuntas... se han caído al suelo.

Deja la mochila sobre la silla
y se agacha a recoger los lápices.

Los demás compañeros y compañeras
abandonan la clase a toda velocidad.

—¿Qué pasa, Alberto? –le pregunta
Paloma, la profe.

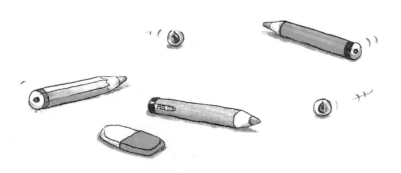

—Que se me han caído al suelo
todos los lápices.

Paloma se acerca a Alberto
y le ayuda a recogerlos.

—¿Ya has pensado de qué va a tratar
tu cuento? –le pregunta ella.

—Todavía no.

Cuando termina de recoger los lápices,
cierra la cremallera del estuche
y lo mete en su mochila. Con ella
al hombro,
sale de la
clase.

—Hasta
mañana,
Alberto.

—Hasta
mañana,
Paloma.

Echa a correr por el pasillo
hasta que llega a la puerta del pabellón.
Cruza el patio también corriendo
y, cuando llega a la puerta de la calle,
la que se abre en la verja de hierro,
ve a Begoña alejarse con Chelo.

Lleno de rabia, da una patada al suelo.

—¿Por qué haces eso? –le pregunta
Mario–. Vas a romperte los zapatos.

Mario y Alberto viven cerca, en la calle
de la Palmera Alta. Alberto vive
en el número 27, y Mario, en el número 34.
Muchas tardes regresan juntos a casa.

—Quería hablar con Begoña
antes de que se marchase con
esa chica mayor que viene a buscarla
–le dice Alberto–. Pero se me cayeron
los lápices y perdí mucho tiempo
recogiéndolos.

—Pues habla mañana.

—Es que era muy importante.

—¿Muy importante?
–Mario se extraña un poco.

—Sí.

—Y... ¿no puedes decírmelo a mí?

—No.

—¿Es un secreto?

—No es un secreto, pero no puedo contártelo. Quiero decir que hoy no puedo, pero a lo mejor mañana, cuando hable con Begoña, sí te lo digo. O si no, pasado mañana, o al otro. Algún día lo sabrás.

—Bueno –Mario se encoge de hombros, un poco confundido.

Durante el camino, Mario le cuenta
a Alberto cómo son los últimos juegos
que le han comprado sus padres
para que no se aburra por la tarde,
mientras está solo en casa.
Son todos electrónicos, de esos
que aparecen en la pantalla del ordenador.

—El que más me gusta de todos
es *El Superlaberinto Intergaláctico*.
Yo voy en una nave espacial y, para pasar
de una galaxia a otra, tengo que matar
un montón de naves enemigas.
Y, además, esquivar los meteoritos
que vienen por todas partes, y saltar
por encima de los agujeros negros...

De repente, a Alberto se le ocurre
una pregunta que no tiene nada que ver
con *El Superlaberinto Intergaláctico*.

—¿A ti te gustaría tener un hermano?

—No –responde Mario con decisión.

—¿Por qué?

—Porque me rompería todos los juegos.

—Pues yo a veces pienso que sí me gustaría y a veces pienso que no.

Llegan al portal de Alberto y éste mete la mano por debajo de su camiseta y saca la cadena con las llaves.

—Yo también llevo las llaves de mi casa al cuello, colgadas de una cadena –dice Mario.

—Así no se nos pierden –razona Alberto.

—Claro.

—Adiós, Mario, y que te lo pases bien
con *El Superlaberinto Intergaláctico*.

—Adiós, Alberto, y no te olvides
de que un día de éstos me tienes
que decir cuál es tu secreto.

Alberto atraviesa el amplio portal
de su casa. Se contempla un instante
en el espejo que hay frente a los
ascensores y luego mira a su alrededor.
Sí, le parece un portal bonito y, sobre
todo, muy grande. Las plantas de tela
parecen de verdad. Se nota que es
el portal de una casa buena, de las que
cuestan mucho dinero. Al menos,
eso le dicen sus padres a menudo:

—Vivimos en una casa
muy buena y tenemos que trabajar
mucho para poder pagarla.

Durante un instante se le pasa
por la cabeza coger el ascensor, pero ese
cartelito dorado que hay sobre la puerta
le detiene.

El cartelito dice que los menores de
catorce años no pueden entrar solos
en el ascensor.

Tiene que subir los cuatro pisos andando.

Abre la puerta de su casa y entra.
Luego vuelve a cerrar. En el recibidor
deja resbalar su mochila por los brazos
hasta que cae al suelo.

Va a pasar al salón, pero en el cristal
de la puerta ve uno de esos papeles
adhesivos de color amarillo. Está pegado
a la altura de sus ojos. Quien lo haya
pegado allí conoce muy bien su estatura.

Lo lee:

Alberto:
Tienes la merienda
preparada encima de la
mesa de la cocina.
Cómetelo todo. Un beso.
Mamá.

Alberto cambia de dirección y entra
en la cocina. Sobre la mesa encuentra
un bocadillo envuelto en papel
de aluminio. Lo desenvuelve.
Es de jamón y queso. No está mal.

Cuando va a dar el primer mordisco al bocadillo, descubre sobre un azulejo de la cocina, también a la altura de sus ojos, otro papelito adhesivo de color amarillo.

Lo lee:

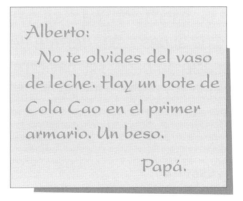

Alberto:

No te olvides del vaso de leche. Hay un bote de Cola Cao en el primer armario. Un beso.

Papá.

Alberto coge una botella de leche de la nevera. Después, saca del primer armario el bote de Cola Cao. Por último, coge un vaso y una cucharilla.

Echa un par de cucharadas bien llenas de Cola Cao en el vaso, luego vierte la leche con cuidado hasta llenarlo y después da vueltas y vueltas con la cucharilla para que el Cola Cao se disuelva.

De un solo trago se bebe medio vaso de leche. Luego, se come todo el bocadillo. Finalmente, se bebe lo que quedaba de la leche.

Con el estómago lleno, se dirige hacia su habitación; pero se detiene de golpe al pasar por delante de la puerta del cuarto de baño. Allí hay otro papelito adhesivo de color amarillo. Lo lee:

Alberto:
   Lávate las manos antes de merendar, que las traerás hechas un asco.

Mamá.

Alberto se mira las manos y comprueba que, en efecto, están bastante sucias.

—Ya no tiene remedio –dice.

Entra en el cuarto de baño,
hace pis y se lava
las manos.

4

Llega por fin
a su habitación

LEGA por fin a su habitación
y echa un vistazo para comprobar
que todo está como siempre. Entonces
se fija en un papelito adhesivo de color
amarillo que cuelga de la pantalla
de su lámpara de mesa.

«Todo está como siempre»,
piensa Alberto.

Se acerca hasta
la lámpara para leer
el mensaje:

Alberto:

Haz los deberes
antes de ponerte
a jugar. Un beso.

Papá.

Alberto se encoge de hombros.
Hoy tiene que hacer pocos deberes,
sólo el cuento que Paloma les ha dicho
que escriban. Por un instante piensa
en ese cuento.
No se le ocurre
ninguna idea.

De repente, Alberto se queda mirando
su cama. Parece muy bien hecha.
Él mismo la hizo por la mañana,
después de desayunar y de lavarse
los dientes; su padre sólo alisó
un poco la colcha para quitar
algunas arrugas que le habían quedado.

Luego, los dos salieron disparados
de casa: su padre hacia el trabajo, y él,
hacia el colegio. Su madre tiene que salir
un poco antes de casa, ya que su trabajo
está lejos, en el otro extremo de la ciudad.

—Pórtate bien
–le dijo su padre al despedirse.

Y Alberto pensó:
«¿Por qué todos los días
me dice lo mismo?»

Luego se encontró con Mario
y los dos juntos
se dirigieron hacia el colegio.

La colcha es de color azul claro,
como el cielo,
o como el mar Mediterráneo.
Alberto cuenta hasta tres
y da un gran salto.
Su cuerpo vuela
por los aires
y cae sobre la cama.

Crujen todos los muelles, y las patas
de madera, y el cabecero...
Pero la cama resiste.

Alberto se queda tumbado sobre la cama,
boca arriba, con los brazos cruzados
por detrás de su cabeza. Está pensando
qué puede hacer esta tarde, durante esas
horas que tendrá que estar solo en casa,
hasta que su padre y su madre regresen
del trabajo.

Mira su habitación. Es grande y bonita,
con un armario empotrado.
El suelo es de parqué y las ventanas
tienen doble cristal, para que no
le molesten los ruidos de la calle.
En invierno la calefacción funciona
de maravilla y puede estar dentro de casa
en mangas de camisa.

Sí, es una suerte tener una casa
como la suya. Papá y mamá
se lo repiten a menudo.
Lo malo es que ellos tengan
que trabajar tanto para poder pagarla.

Acude a su mente la imagen de Begoña.
Recuerda lo que no pudo decirle al salir
de clase y vuelve a sentir rabia, mucha
rabia. La culpa la tuvieron los lápices
que se le cayeron al suelo.

Mañana podrá decírselo.
Y para evitar problemas de última hora,
lo hará por la mañana, antes de entrar
en clase. Se colocará detrás de ella en
la fila que hacen en el patio
y se lo dirá por el camino.

Al cabo de un rato, Alberto se levanta
de la cama. Ha decidido hacer algo para
pasar el tiempo sin aburrirse demasiado.

Mira en primer lugar el ordenador
y repasa los juegos que tiene archivados
en una caja de plástico. Se los sabe todos
de memoria. ¡Si al menos Mario
le hubiera dejado *El Superlaberinto
Intergaláctico!*

Después abre de par en par las puertas
del armario empotrado. A un lado está
su ropa, colgada de varias perchas.
Al otro lado se amontonan cajas y cajas
de juguetes. Alberto mira de arriba abajo
todos aquellos juguetes y cierra
las puertas del armario.

Luego se dirige a la estantería
que hay sobre su mesa de escritorio
y que está llena de libros. Coge uno y
lo hojea, luego coge otro, y un tercero...
Al final, deja los libros en la estantería.

Alberto sale de su habitación y entra
en el salón de la casa. Su padre
y su madre están muy orgullosos de ese
salón. Es muy grande y muy luminoso,
pues en una de sus paredes se abre
un enorme ventanal que comunica
con la terraza.

Alberto se acomoda en el enorme sillón
de piel negra, donde suele sentarse
su padre. Coge el mando a distancia
del televisor y lo enciende.
Pasa de un canal a otro,
y a otro, y a otro...

Al final deja
encendido
el televisor,
pero le quita
la voz.

No puede dejar de pensar en Begoña
y en la conversación que no pudieron
tener a la salida del colegio.

Pero, de pronto, recuerda algo:
él tiene el número de teléfono
de Begoña. Puede buscar
ese número y llamarla.

Alberto apaga la tele, se levanta del sillón
como un cohete y corre hasta
su habitación. Busca su mochila,
pero no la encuentra. Entonces recuerda
que la dejó caer en el recibidor.

Corre hasta el recibidor y allí está
la mochila. La recoge del suelo y,
con ella, regresa al salón.

Comienza a rebuscar entre sus libros
y cuadernos. Sabe que en alguna parte
tiene apuntado el número de teléfono
de Begoña, pero... ¿dónde?

Revisa, una por una, todas las páginas
de sus cuadernos; pero el número
no aparece. Quizá lo haya apuntado
en los márgenes de alguno de sus libros.
Resopla. Va a resultar difícil encontrarlo.

Revisa con paciencia todas las páginas
del libro de Matemáticas. ¡Nada!
Después comienza a revisar las páginas
del libro de Lengua y... ¡por fin!
En la página ochenta y dos, en el margen
derecho y con bolígrafo rojo,
encuentra una anotación: es el nombre
de Begoña y su número de teléfono.

Coge el teléfono inalámbrico
y marca el número de Begoña.
Escucha cómo da la señal de llamada,
una vez, dos veces, tres veces.
Antes de dar la cuarta señal,
descuelgan el teléfono.

—¿Diga?

—¿Se puede poner Begoña?

—Yo soy Begoña. ¿Quién eres tú?

—Alberto.

—No te había conocido la voz.

—Yo a ti tampoco. Verás, quise hablar
contigo a la salida de clase,
pero se me cayó el estuche
con los lápices y tuve que recogerlos.
Eso me entretuvo. Cuando salí a la calle,
tú ya te habías ido con esa chica mayor
que va a buscarte.

—Chelo.

—Sí, con Chelo. Pues..., por eso
te he llamado ahora por teléfono.

—¿Y de qué querías hablar conmigo?

—Quería que me hicieras un favor.

—¿Qué favor?

—A ti no te costará ningún trabajo,
ya que tu madre es médica, y tu padre,
vendedor de medicinas.

—Si puedo, te haré ese favor.

—Sólo quiero que preguntes a tu madre,
o a tu padre, ya que los dos deben
de saberlo, el nombre de las pastillas
que vuelven invisible a la gente.

Durante unos segundos se produce
un silencio. Alberto llega a pensar
que la comunicación se ha cortado.

—Begoña, ¿estás ahí?

—Sí.

—Entonces..., ¿se lo vas a preguntar
a tus padres?

—Pero nadie puede volverse invisible.

—Hay gente que sí, Begoña. Estoy seguro.
Mi padre y mi madre se vuelven invisibles
todos los días. Ellos dicen que van
a trabajar para pagar el piso,
pero en realidad se vuelven invisibles.
Estoy seguro. Lo que no sé es cómo
lo hacen. Tiene que haber unas pastillas.

—¿Se trata de un juego?

—No. De verdad que no, Begoña.

—Bueno, pues entonces se lo
preguntaré, aunque estoy segura de...

—Gracias, Begoña. Ve a preguntárselo
ahora mismo, que yo esperaré
al teléfono. No me moveré de aquí.

—Ahora es imposible.

—¿Por qué?

—Aún no han
vuelto del trabajo.

—¿Estás sola
en casa?

—Sí.

—Yo también. Oye,
¿y tardarán mucho en volver?

—Depende. Unos días tardan más
que otros. Pero..., eso que dices
de tu padre y de tu madre...

—¡Es completamente cierto!

—¿Cómo lo sabes?

—No sé cómo, pero estoy seguro. Antes
no lo estaba del todo, pero ahora sí.

—Yo no me lo creo.

—Te lo demostraré. Cuando sepa cómo
se llaman esas pastillas, yo mismo
me tomaré una y me volveré invisible.

—Se lo preguntaré a mi madre, pero...

—Y si tu madre no lo sabe, pregúntaselo
a tu padre. Él tiene que entender mucho
de medicinas.

—Lo haré. Cuando ellos regresen
se lo preguntaré. Luego, te llamaré
por teléfono para que sepas lo que
me han dicho.

—¿Tienes mi número
de teléfono?

—Sí.

—Muchas gracias,
Begoña. Para mí
es muy importante.

—¿Alberto?

—¿Qué?

—¿Has escrito ya el cuento
que nos mandó Paloma?

—No. ¿Y tú?

—Tampoco. Pero creo que se me está
ocurriendo una idea. Ya te contaré.
Bueno, hasta luego, Alberto.

—Hasta luego, Begoña.

5

Tragado por
el mullido sillón

TRAGADO por el mullido
sillón de cuero negro,
Alberto se queda un instante pensando
por qué nadie le cree cuando dice
que su padre y su madre son invisibles.
No le creen sus compañeros
y compañeras del colegio y tampoco
le cree Begoña, su mejor amiga.
«¿Por qué será?», se pregunta.

Él, sin embargo, está seguro,
está completamente seguro.

Sí; al principio, también lo dudaba. Pero lo
que encontró en la librería del salón hace
unas semanas le sacó de dudas.

Aquel hallazgo fue la prueba definitiva.

Alberto se levanta del sillón
y se dirige a la librería. Es un mueble
muy grande y muy alto, todo de madera,
con muchas repisas. En ellas pueden verse
multitud de copas y de botellas de todos
los tamaños.

Sobre una de las repisas hay un reloj
grande y redondo, un perro de cerámica
y un portarretratos con una fotografía
de su padre y de su madre. Cuando
se hicieron esa fotografía él no había
nacido aún, por eso no aparece en ella.

En otra repisa hay un montón de cintas
de vídeo metidas en estuches de plástico.

Y en otra repisa hay diecinueve libros,
todos del mismo tamaño, encuadernados
en piel de color marrón con las letras
doradas.

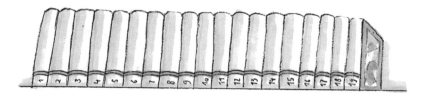

Hay diecinueve. Alberto los ha contado
muchas veces y, además, su padre
le ha explicado por qué hay precisamente
diecinueve:

—Era una colección de cien libros.
Cada semana salía uno.
Pero al llegar
al número
diecinueve
me cansé y dejé
de comprarlos.

Entre esos libros
está la prueba.

Es precisamente el libro número
diecinueve. Alberto sabe que su padre
no se cansó de esa colección, sino que
estuvo comprándola hasta que llegó
al número diecinueve, que era el libro
que le interesaba de verdad.

Alberto mira ese libro y luego se decide
a sacarlo de la estantería.
Lee el título y el nombre del autor:

«EL HOMBRE INVISIBLE
Herbert George Wells»

Lo sostiene un rato entre sus manos
y después lo abre por la primera página.
Lee el título del primer capítulo:
«La llegada del hombre misterioso.»

Ha intentado leer el libro,
pero le resulta demasiado complicado.
Hay muchas palabras y expresiones
que no entiende. A pesar de todo,
ha hecho un esfuerzo y se ha leído
enteros los dos primeros capítulos.

A veces le ha preguntado a su padre
por el libro.

—¡Oh, sí! –exclama el padre–.
Leí ese libro cuando tenía catorce
o quince años, en una edición ilustrada,
y además he visto la película.

—Cuéntamelo.

—Pues... es la historia de un hombre,
un científico, que descubre la forma
de volverse invisible.

—¿Y se vuelve invisible?

—Pues claro.

—Cuéntame más cosas.

—La verdad es que no me acuerdo
muy bien. Mira, ahora podría volver
a leerlo en esta edición que hemos
comprado... Lo malo es que no tengo
tiempo para leer.

—¿Y no te acuerdas de nada más?

—Recuerdo que el hombre invisible tenía que cubrirse de ropa por todas partes, hasta la cabeza.

—¿Por qué?

—Su cuerpo era invisible, pero sus ropas no. Si estaba desnudo nadie le veía, pero como era invierno y hacía frío tenía que vestirse. Entonces debía cubrirse hasta la cabeza, pues de lo contrario sería descubierto.

—¡Ya entiendo! Si se dejaba la cabeza
sin cubrir, ésta no se veía. Parecería
un hombre sin cabeza.

—Eso es.

Cada vez que su padre le hablaba
de las cosas que recordaba del libro,
Alberto se sentía fascinado.
Los ojos se le abrían como platos
y escuchaba con atención.

—¿Y era bueno el hombre invisible?

—Creo que no.

—¿No?

—Quería aprovecharse de que nadie
le veía para hacer cosas malas.
Un hombre invisible puede
cometer muchas fechorías
sin que lo descubran.

—Pero... un hombre invisible también
puede hacer cosas buenas.

—Por supuesto.

El domingo pasado Alberto
decidió hacer a sus padres
una pregunta muy importante.
Aprovechó el momento de la comida,
cuando los tres estaban juntos.

—Quiero que me expliquéis
una cosa –dijo.

—¿Qué? –el padre y la madre
respondieron a la vez.

—¿Qué hay que hacer para volverse
invisible?

El padre y la madre se miraron un poco
extrañados.

—¿Invisible? –volvieron a preguntar
a la vez.

—Sí.

—Nadie puede volverse invisible
–añadió la madre.

—Si lo dices por la novela... –razonó
el padre–. Piensa que una novela es sólo
una novela. Muchas de las cosas
que se cuentan allí se las imagina
el escritor, no son reales.

—¿Quieres decir que el hombre invisible
es un invento de un escritor?

—Pues claro.

—¡Ah, no! –exclamó Alberto–.
¡A mí no podéis engañarme!
Yo sé que de lunes a viernes vosotros
os volvéis invisibles.

El padre y la madre volvieron a mirarse
y en sus rostros se reflejaba el mismo
gesto de sorpresa.

Alberto deja el libro en su sitio y vuelve
al mullido sillón de piel negra. Se deja caer
sobre él. Mira durante unos segundos
el teléfono con impaciencia. No suena.

Alberto piensa en lo que le dijeron
sus padres el domingo a la hora
de la comida. ¿Por qué negaron que ellos
eran invisibles durante la semana?

Alberto no va a dejar que le convenzan
con razonamientos. Si le dejan solo
en casa no es porque tengan que trabajar
muchas horas para que a él no le
falte de nada y puedan disfrutar
de un piso estupendo.

Podrían dejarle en casa de los abuelos.
Algunos amigos y amigas de su colegio
se quedan en casa de los abuelos.
Sus padres, sin embargo,
dicen que los abuelos están anticuados,
que son maniáticos y autoritarios.

—¿Qué significa «autoritarios»?
–preguntó en una ocasión.

—Pues... que abusan de su autoridad
–le respondió su madre.

—Conmigo, los abuelos no abusan
de su autoridad –añadió Alberto.

—Si estás mucho tiempo con los
abuelos, acabarán convirtiéndote
en un niño malcriado.

—¿Y qué es un niño malcriado?

—Ya lo averiguarás cuando seas mayor.

Pero Alberto sabe la verdad. Su padre
y su madre son el hombre y la mujer
invisibles. Y durante la semana viven
extraordinarias aventuras por la ciudad,
haciendo siempre el bien.
Son unos
superhéroes,
como los de
los tebeos
o los de
las series
de dibujos
animados
de la tele.

Y no se lo quieren decir a nadie,
porque sus misiones son importantísimas
y supersecretas. No se lo quieren decir
a los abuelos. Ni siquiera se lo quieren
decir a su propio hijo, que tiene que pasar
un montón de horas solo en casa
durante la semana.

Ésa es la única verdad para Alberto.
Lo de que sus padres
tienen que trabajar para poder
tener un piso estupendo
es un cuento chino.

6

Empieza a quedarse dormido

EMPIEZA a quedarse dormido
en el mullido sillón de piel negra,
pero el timbre del teléfono
le hace reaccionar.

Alberto salta del sillón y se lanza
sobre la mesita donde se encuentra
el teléfono. Una lámpara que hay encima
de la mesita se tambalea.

—Dígame.

—Hola, Alberto.

Alberto no puede evitar un gesto
de desilusión en su rostro al descubrir
la voz de su madre.

Él pensaba que se trataría de Begoña.

—¡Ah, hola, mamá!

—¿Qué tal el cole?

—Bien. Hemos leído un cuento
muy bonito y luego hemos hecho
un dibujo.

—Estupendo.

—En el mío se veía un tren y a un niño
con su padre y su madre.
Paloma me ha puesto un *muy bien*.

—Cuando llegue a casa me lo enseñarás.

—Es que me lo he dejado en el cole.

—Bueno, pues otro día.
¿Te has comido toda la merienda?

—Sí, toda. Y me he bebido un vaso
de leche con Cola Cao lleno hasta arriba.

—Así me gusta. Verás, Alberto:
hoy tengo mucho trabajo y saldré

un poco más tarde. No te muevas de casa
y recuerda: no le abras la puerta a nadie.

—Descuida, mamá, ya no soy un bebé.

—Saca alguno de tus juguetes del armario,
o juega con el ordenador, o ponte
un vídeo de dibujos animados, o lee
alguno de tus cuentos con ilustraciones
en color...

—Oye, mamá...

—¿Qué?

—¿Y el trabajo que tienes que hacer
esta tarde es muy importante?

—Como siempre. Tenemos que acabar unos presupuestos sin falta.

—Yo no sé lo que significa *presupuestos*, pero estoy seguro de que me estás engañando.

—¿Cómo puedes pensar eso?

—Yo creo que, como eres la mujer invisible, tienes una misión muy peligrosa que cumplir. A los superhéroes siempre les encargan misiones muy peligrosas. Por eso llegarás más tarde a casa.

—No empieces con tus fantasías, Alberto.

—No son fantasías. He descubierto la verdad.

—Ya hablaremos después; ahora tengo que colgar. Recuerda todo lo que te he dicho. Un beso.

—Un beso, mamá.

Alberto deja el teléfono sobre la mesa.
Va a regresar al mullido sillón de piel
negra, pero al instante vuelve a sonar
el teléfono. Se queda mirándolo.
«¿Será Begoña?», se pregunta
antes de cogerlo de nuevo.

—¿Diga?

—Hola, Alberto.

—Hola, papá.

—¿Con quién estabas hablando, que llevo
un rato intentando comunicar contigo?

—Hablaba con mamá.

—¿Qué tal el cole hoy?

—Bien. He hecho un dibujo y Paloma
me ha puesto un *muy bien*.

—Así me gusta.
¿Has hecho ya los deberes?

—Sí. Bueno, no. Tengo que escribir
un cuento de media página,
pero aún no se me ha ocurrido
nada.

—¿Te has
lavado
bien
las manos?

—Sí,
muy bien.

—¿Y qué
estabas
haciendo
ahora?

—Nada.

—Hoy voy a llegar un poco
más tarde a casa, así que pórtate bien.

—¿Y por qué vas a llegar más tarde
a casa?

—El trabajo, ya sabes.
Estamos a final de mes, y por estas
fechas se nos acumula el trabajo.
Tengo una montaña de papeles
encima de la mesa.

—¿Tú tampoco vas a decirme la verdad?

—¿Eh? ¿Qué quieres decir, Alberto?

—Yo sé que vas a llegar tarde a casa
porque, como eres el hombre invisible,
tienes que cumplir una misión
muy importante que te han
encomendado.

—¡Alberto, no me gusta que seas
tan fantasioso!

—Pero...

—Ya hablaremos de eso cuando vuelva
a casa. Ahora tengo que dejarte.
Procura entretenerte.

—Sí, papá.

—Saca algún juguete de tu armario,
o juega con el ordenador, o ponte
un vídeo de dibujos animados, o lee
alguno de tus cuentos con
ilustraciones en color...

—Sí, papá.

—Un beso, Alberto.

—Un beso, papá.

Ahora, a Alberto no le cabe la menor
duda. Su madre le ha telefoneado para
decirle que llegará un poco más tarde.
Su padre también le ha telefoneado
para decirle que llegará
un poco más tarde.

Todo encaja perfectamente. Ellos dos,
el hombre y la mujer invisibles, van a vivir
una aventura extraordinaria juntos.
Sólo eso puede justificar su retraso.

Pero... ¿por qué no lo reconocen?
Tal vez esa aventura sea peligrosa
y no quieran preocuparle.

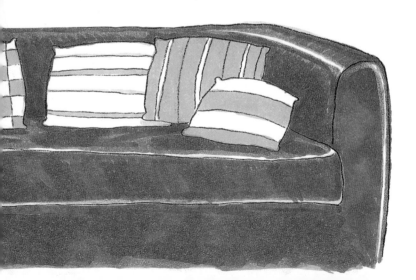

¡Cuánto le gustaría poder volverse invisible, como sus padres, y acompañarlos en esas misiones tan arriesgadas! Aunque todavía es un niño, alguna ayuda podría prestarles, sobre todo siendo invisible.

El teléfono vuelve a sonar por tercera vez.
Alberto aún está junto a la mesita.

—¿Diga?

—Alberto, soy yo, Begoña.

—Estaba seguro de que esta vez serías
tú. ¿Ya han regresado tus padres a casa?

—Sí, hace un rato.

—¿Y les has preguntado
lo de las pastillas para volverse invisible?

—Sí.

—¿Cómo se llaman esas pastillas?
¡Dímelo ya! ¡Estoy impaciente!

—No existen.

—¿Qué quieres decir?

—Pues eso mismo. Se lo he preguntado
a mi madre, y ella me ha respondido
que nadie puede volverse invisible.

—¿Y se lo has preguntado a tu padre
también?

—Sí. Él me ha dicho que no hay ninguna
pastilla en el mundo que pueda volver

a una persona invisible. Y mi padre
entiende mucho de pastillas.

—¡No puede ser!

—Yo creo que ellos tienen razón.
A mí también me parece imposible.

—¡Pues yo estoy seguro, Begoña! Fíjate:
hace un rato me han llamado mis padres
para decirme que llegarían más tarde
a casa. ¿Sabes por qué van a llegar
más tarde a casa?

—Por el trabajo, supongo. A mis padres
también les ocurre a veces.

—Eso es lo que ellos dicen.
Pero la verdad es que tienen que cumplir
una misión secreta. El hombre y la mujer
invisibles tienen que hacer cosas
muy peligrosas. Son superhéroes,
¿no lo entiendes?

—Pero mis padres dicen...

—Yo creo que tus padres se han
compinchado con los míos y no quieren
decirte el nombre de esas pastillas
para que yo no me vuelva invisible.
Me consideran muy pequeño todavía.

—No sé...

—¡Pero lo averiguaré yo solo!

—Bueno, yo he hecho lo que he podido.

—Y te lo agradezco.

—¿Ya has escrito el cuento?

—No.

—Yo lo estoy escribiendo
sobre una cabra.

—¿Una cabra?

—Es que me gustan mucho los animales.

—A mí no se me ocurre nada.

—Pues… hasta mañana, Alberto.

—Hasta mañana, Begoña.

7

Se detiene un instante

SE detiene un instante en la puerta del dormitorio de sus padres.
Mira hacia el interior y, decidido, entra en ese cuarto que le resulta tan familiar.

Los domingos, como Alberto es
el primero que se despierta, salta de
la cama, corre hasta la habitación de sus
padres y se mete dentro de su cama.
Luego comienza a hacerles
cosquillas hasta que se despiertan.
Al final, los tres acaban riéndose entre
las sábanas. Se lo pasan muy bien.
Menos mal que los domingos su padre
y su madre no se vuelven invisibles y
están con él.

Se acerca
a la mesilla
de su madre
y, desde allí,
mira la cama
tan grande.

Hace unos días,
entró en la habitación de sus padres
y se encontró a su madre tumbada
sobre la cama, boca arriba,
completamente estirada, con los ojos
cerrados... Parecía una estatua
de lo quieta que estaba.

—¿Estás dormida? –le preguntó Alberto.

—No –respondió la madre, sin moverse.

—¿Y qué haces en la cama?

—Trato de relajarme.

—¿Y cómo te relajas?

—Con el poder de la mente.

—¿La mente tiene poder?

—Por supuesto. Con el poder
de nuestra mente podemos conseguir
muchas cosas.

Alberto se arrodilló entonces
junto a la cama, para estar más cerca
de su madre.

—¿Y cómo podemos conseguir
esas cosas?

—Concentrándonos mucho,
convenciéndonos de que podemos
lograr lo que nos propongamos.

—¿Tú lo logras?

—A veces.

La madre abrió los ojos,
se incorporó un poco y dio un beso
a su hijo en la punta
de la nariz.

Alberto piensa que, quizá, su madre
y su padre han conseguido convertirse
en el hombre y la mujer invisibles
gracias al poder de la mente.

Él ha intentado concentrarse en algunas
ocasiones. Se pone muy serio
y cierra los ojos, luego se repite
una y otra vez que su mente
es muy poderosa y que, gracias a ella,
va a volverse invisible.

La última vez que lo intentó
fue esa misma mañana, en el patio
del colegio; pero Begoña se encargó
de demostrarle que no había funcionado.

Luego, Alberto rodea la cama y se queda
mirando la mesilla de su padre.
No hay nada sobre ella,
sólo una lamparita y el despertador.

Alberto abre el primer cajón de la mesilla,
que está lleno de calcetines.

Después, abre el segundo cajón,
que está lleno de calzoncillos.

Agarra el tirador del tercer cajón
y lo piensa antes de abrirlo.
Su padre y su madre le han dicho
muchas veces que no debe abrir ese
cajón. Pero lo abre; no es la primera vez
que lo hace, por eso no se sorprende
de lo que ve allí. Es el cajón de
las medicinas.

Alberto mira todas aquellas cajas
de medicinas: cajas llenas de pastillas de
todos los colores y tamaños; cajas llenas
de jarabes; cajas llenas de supositorios...
Está seguro de que una de aquellas
medicinas es la que toman sus padres
para volverse invisibles. Pero... ¿cuál?

Cierra el tercer cajón sin tocar nada
y se dispone a salir del dormitorio
de sus padres. Pero entonces algo llama
su atención: es una chaqueta
de su padre, que está sobre
una butaquita.

En ese momento, Alberto recuerda
unas palabras de su padre, cuando iban
a salir de casa por la mañana.

—¡Vaya! –exclamó el padre–. Se me ha
caído un botón de la chaqueta y no tengo
tiempo para coserlo. Me pondré otra.

Alberto mira la chaqueta y comprueba
que le falta un botón. Luego,
mete la mano en los bolsillos.
En uno no hay nada. Y del otro saca
el botón y un tubito de pastillas.

Su rostro se llena de sorpresa al ver
el tubito de pastillas.

Lee una y otra vez el nombre de aquellas
pastillas. Es un nombre bastante raro,
o por lo menos a él se lo parece.
Intenta descubrir para qué sirven.

En el tubito pone la composición,
con palabras muy extrañas, la fecha
de caducidad y el nombre del laboratorio.
Pero en ninguna parte pone
para qué sirven.

No obstante, Alberto está seguro.
Esas pastillas sólo podían estar
en el bolsillo de la chaqueta de su padre
por un motivo: son las pastillas
para volverse invisible.

Con decisión, abre el tubito
y saca una de las pastillas.
Son pequeñas y de color rosa.
Luego, vuelve a guardar el tubito
y el botón en el mismo bolsillo
de la chaqueta.

Con la pastilla en la mano
se dirige a la cocina.
Acaba de tomar
una determinación
muy importante:
se tomará esa pastilla y,
además, se concentrará muchísimo
para que todo el poder de su mente
empiece a funcionar.

Está convencido de que en esta ocasión
lo va a lograr.

Y como no quiere perdérselo, llena
un vaso de agua y se dirige con él hasta
el cuarto de baño. Se coloca justo
delante del espejo.

—Quiero ver cómo se vuelve
uno invisible –dice a su propio reflejo–.
No sé cómo funciona esto de volverse
invisible. Tal vez me vuelva invisible todo
entero, de golpe, o quizá suceda
poco a poco.

Alberto se mete la pastilla en la boca
y a continuación bebe un sorbo de agua.

—No sabe mal y, como es pequeña,
se traga estupendamente.

Luego, empieza a concentrarse.

Trata de borrar todos los pensamientos
que acuden a su mente y quedarse
con uno solo. Y ese pensamiento,
o deseo, es volverse invisible.

Alberto está concentrado.

Alberto está concentradísimo.

Alberto está superconcentradísimo.

Pasan cinco minutos y Alberto
no se mueve. Parece una estatua
mirándose al espejo.

Pasan diez minutos, pasan quince
minutos, pasan treinta minutos...

Alberto no deja de contemplarse
en el espejo. Pero su gesto poco a poco
se va llenando de desilusión. Su figura
sigue reflejada en el cristal, por tanto
no ha conseguido volverse invisible.

Acuden de golpe tantos pensamientos
a su mente que le hacen perder
la concentración. Ya no aguanta más
en esa postura. Se mueve. Y se mira
los brazos, las piernas, el cuerpo entero...
Ni la más mínima parte de su cuerpo
se ha vuelto invisible.

Sale del cuarto de baño y entra
en el salón. Ya no hay tanta luz como
antes; está anocheciendo. Mira el reloj
grande y redondo que está sobre una
de las repisas de la librería. Es tarde.

Ha empezado a dolerle la tripa.
Se sienta en el mullido sillón
de piel negra, pero no encuentra
una postura cómoda.
Le sigue doliendo la tripa.
Se da un pequeño masaje con las manos
tratando de aliviar el dolor.
No se le pasa.

Se levanta del sillón y se dirige primero
a su habitación y luego a la habitación
de sus padres.
Se tumba sobre la cama
y se hace un ovillo para que la tripa
no le duela tanto.
Trata de pensar en el cuento
de media página que tiene que escribir,
pero el dolor no le deja concentrarse.

8

Acurrucado
sobre la cama

ACURRUCADO sobre la cama
de sus padres, Alberto nota en su
rostro la suavidad de la colcha; a veces
incluso la toca con sus manos. Siempre
le ha gustado el tacto de esa colcha.

No puede estirarse, a pesar de que
la cama es muy grande. Cuando se estira,
le duele más la tripa, y por eso sigue
hecho un ovillo, sin moverse. Ni siquiera
alarga el brazo para encender la lamparita
que hay sobre la mesilla.

La habitación se va quedando a oscuras.
Y el armario, y la cómoda, y la butaquita

donde está la chaqueta de su padre
se van llenando de sombras.
Sombras que lo envuelven todo.

Alberto comienza a pensar en su padre
y en su madre. Cuando regresen
le hablarán del trabajo, que cada día
les roba más y más tiempo, y negarán
con la cabeza, como dándole a entender
que la cosa no tiene remedio.

Le llenarán de besos al tiempo que le
recordarán que, gracias a ese trabajo,
él puede disfrutar de un piso estupendo,
con un armario empotrado lleno
de juguetes, y un ordenador
lleno de juegos, y montones de vídeos
de dibujos animados, y muchos cuentos
con ilustraciones en color...

Le preguntarán por el colegio
y tal vez le anuncien una visita a casa
de los abuelos, aunque será una visita
corta porque los abuelos son autoritarios
y anticuados y pueden malcriarlo.

Pero Alberto no va a creerse
lo que su padre y su madre le digan.
Él sabe la verdad.

Él sabe que, en esos momentos,
sus padres están cumpliendo una misión
muy arriesgada que sólo ellos
–el hombre y la mujer invisibles–
son capaces de realizar.

Tal vez estén persiguiendo
a unos ladrones. Quizá esos ladrones
han robado un banco y se han llevado
un saco lleno de dinero. Los ladrones
han burlado a la policía,
pero lo que no pueden sospechar
es que el hombre y la mujer invisibles
siguen sus pasos de cerca.

Será peligroso atrapar a esos ladrones
de bancos, sobre todo porque van
armados; pero Alberto sabe que su padre
y su madre lo conseguirán.

Quizá por eso se retrasan.

O tal vez se trate de un secuestro.
Unos desalmados han secuestrado
a una persona. La han metido
en un coche a la fuerza y se la han
llevado. Están tranquilos porque creen
que nadie los ha visto y piensan pedir
a los familiares de aquella persona
un enorme rescate.

Pero ellos no cuentan con el hombre
y la mujer invisibles, que aparecen
siempre que alguien
los necesita.

Será difícil enfrentarse a unos
secuestradores, difícil y peligroso.

Pero su padre y su madre
han demostrado muchas veces que no
tienen miedo a nada. Eso sí, tendrán
que actuar con mucha prudencia,
para que no le suceda nada a la persona
que ha sido secuestrada.

Tal vez estén persiguiendo a un loco
al que últimamente le ha dado
por quemar casas. El otro día escuchó
la noticia por la tele. Le llamaban
pirómano y decían que ya había quemado
varios edificios.

La policía no tenía ninguna pista;
pero ningún pirómano, o como se diga,
puede escapar de la vigilancia del hombre
y la mujer invisibles.

Quizá sus padres se están retrasando
por ese motivo. Es lo más probable.
Capturar a un loco pirómano, o como
se diga, tiene que ser complicadísimo,
pues nadie sabe dónde va a provocar
un incendio.

Tal vez su padre y su madre han tenido
que subirse al edificio más alto
de la ciudad y, desde la terraza,
con unos prismáticos, vigilan para
descubrir si sale humo de algún edificio.

Lo que más rabia le da a Alberto
es pensar que cuando su padre
y su madre lleguen por fin a casa
lo negarán todo y volverán a contarle
el mismo rollo del trabajo, y el trabajo,
y el trabajo...

Sí, él es pequeño todavía y comprende
que sus padres no quieran meterlo
en el mundo tan peligroso
y arriesgado de los superhéroes,

pero al menos podrían reconocer
las cosas. Él los ha descubierto.
¿Por qué siguen negándolo entonces?

Y además, el dolor de tripa no se le pasa.
La culpa la tiene esa pastilla
que se ha tomado y que su padre llevaba
en un tubito en el bolsillo de la chaqueta.
¡Qué fastidio! No consiguió volverse
invisible con ella y encima le da dolor
de tripa.

Las aventuras del hombre y la mujer
invisibles se amontonan en la mente
de Alberto. Se siente un poco aturdido.

Ahora ve una playa desierta.
Es una playa muy grande y muy bonita.
Se parece a la playa donde estuvieron
de vacaciones el verano pasado.
Las olas vienen y van, vienen y van,
vienen y van...

Y de repente, sobre la arena, comienzan
a aparecer unas huellas misteriosas.
Son las huellas de cuatro pies,
que avanzan en la misma dirección.
Dos pies son más grandes que
los otros dos. Es muy raro; las huellas
se van marcando solas en la arena,
pero no se ve a nadie.

Alberto sonríe.

Son las huellas del hombre
y la mujer invisibles.

Pero... ¿qué hacen sus padres
en la playa?

A Alberto se le cierran los ojos.
De repente, ha empezado
a sentir sueño, mucho sueño.

Alberto se queda dormido.

El padre y la madre de Alberto
han llegado juntos a casa. Abren la puerta
blindada con cerradura de seguridad
y entran. Se sorprenden al encontrar
todas las luces apagadas.

—¡Alberto! –le llama su madre.

—¡Alberto! –le llama su padre.

Pero Alberto no responde.

El padre y la madre de Alberto
lo buscan en su habitación,
luego en el salón, en el cuarto
de baño, en la cocina...

—¡Está aquí! –dice la madre cuando
lo descubre sobre la colcha
de su cama, hecho un ovillo,
completamente dormido.

Lo despiertan a besos.

Cuando Alberto abre los ojos, su rostro
se ilumina y se abraza a sus padres.

—Pero... ¿qué haces aquí? –le reprocha
cariñosamente la madre–. ¿Por qué no
has sacado algún juguete del armario?

—¿O por qué no has jugado
con el ordenador? –añade el padre.

—¿O por qué no te has puesto
un vídeo de dibujos animados?

—¿O por qué no has leído
alguno de tus cuentos
con ilustraciones en color?

Alberto se siente un poco confuso.

—Es que... me dolía la tripa y...

—¿Te dolía la tripa?
–en la voz de la madre
se nota un poco de preocupación.

—Pero ya se me ha pasado
–dice Alberto.

—Seguro que te comiste la merienda
a toda prisa y no te sentó bien
–afirma el padre.

Alberto acompaña a sus padres al salón.
Los tres se sientan en el sofá
de piel negra.

—¿De dónde venís? –les pregunta
Alberto.

—De trabajar –responden a la vez
su padre y su madre.

Alberto se encoge de hombros
y levanta las cejas, como queriendo
dar a entender que esperaba
esa respuesta.

—He tenido que terminar varios
presupuestos que corrían mucha prisa
–asegura la madre.

—A final de mes siempre se acumula
el trabajo –comenta el padre–.
Tengo una montaña de papeles
encima de mi mesa.

Alberto sonríe. No piensa contradecir
a sus padres, pero desde luego
no va a creerse lo que le dicen.
Él sabe toda la verdad.

—¿Y los ladrones que han robado
el banco y se han llevado un saco lleno
de dinero? –pregunta.

El padre y la madre se miran y ponen
un gesto de extrañeza.

—¿Y el secuestro? ¿Y ese loco pirómano,
o como se diga, que quema edificios?
¿Y la playa? ¿Qué hacíais en la playa?

Hoy le toca al padre hacer la cena.
Se cambia de ropa y se pone el delantal.
Va a preparar sopa de fideos y pescado
en salsa verde.

Mientras, la madre se ha metido
en el cuarto de baño y se está dando
una ducha caliente. Ella dice que las
duchas de agua caliente la relajan mucho.

Alberto se está quitando la ropa en su
habitación. Luego se pondrá el pijama
y meterá su ropa sucia en la lavadora.

Cuando se queda desnudo, abre las
puertas del armario y se mira en el
espejo interior. Su cuerpo está intacto.

No le falta nada: ni un brazo, ni un pie,
ni un dedo, ni siquiera una de sus orejas.

Está claro que no ha conseguido
volverse invisible con el poder
de su mente.

Y está más claro todavía que las pastillas
que lleva su padre en el bolsillo
de la chaqueta tampoco sirven
para volverse invisible.

Menos mal que, al menos,
se le ha pasado el dolor de tripa.

De pronto, Alberto se lleva las manos
a la cabeza. ¡Se le había olvidado
por completo que tenía que escribir
un cuento de media página!

Se sienta rápidamente frente a su mesa,
saca el cuaderno de Lengua y lo abre
por la primera hoja en blanco.

Coge uno de sus lápices y comienza
a mordisquearlo. Luego coge otro
y lo mordisquea también.
Las grandes ideas casi siempre
se le ocurren mordisqueando
un lápiz.

Después de mordisquear
el cuarto lápiz, comienza a escribir
con decisión:

Cuento de media página:

Érase una vez un niño que se imaginaba
que su padre y su madre eran invisibles.
Él sabía que nadie puede volverse invisible,
porque aunque era pequeño no era un
bebé.
Sus padres trabajaban mucho para poder
pagar una casa muy bonita que se habían
comprado, por eso el niño tenía que
estar mucho tiempo solo, esperándolos...

La madre ha salido de la ducha y,
envuelta en un albornoz,
se asoma a la habitación
de Alberto.

—¿Qué estás haciendo?
–le pregunta.

—Tengo que escribir un cuento
de media página –Alberto le da
algunas explicaciones más a su madre–:
Nos lo ha mandado Paloma
esta mañana. Además,
tengo que inventármelo,
no vale copiarlo.

—Eres un niño con mucha imaginación
–le responde la madre–. Seguro que te
inventas un cuento precioso.

Alberto se queda mirando a su madre
un instante.

Una pregunta ronda por su cabeza:

—¿Tú crees que soy un niño
con mucha imaginación?

—Síííí –responde con seguridad
la madre.

—¿Y es bueno ser un niño con mucha
imaginación?

—Síííí.

—¿Por qué?

—La imaginación siempre nos ayuda
a superar nuestros problemas.

Alberto sonríe a su madre,
que le devuelve la sonrisa.
Pero, de pronto, ella arruga la nariz
y dice:

—Creo que papá ya ha terminado la cena.
¡Hummm! ¡Qué bien huele!

Alberto mira lo que ha escrito.

Antes de meterse en la cama escribirá
un poco más, para completar la media
página, como quería Paloma.

Se levanta de la mesa y se abraza
a la cintura de su madre.
Ella le pasa un brazo por encima
de los hombros y, juntos,
se dirigen a la cocina.

En ese momento, oyen la voz
del padre:

—¡La cena está servida!

Fin

alta**m**mar

Taller de lectura

Papá y mamá son invisibles

1. La historia

La historia que acabas de leer tiene unas características especiales. Gracias a ellas, el autor consigue que nos resulte más atractiva y que su mensaje llegue hasta nosotros mucho mejor.

1.1. Vamos a ver si eres capaz de descubrir los detalles más importantes:

- ¿Cuánto tiempo dura?

  ☐ un día

  ☐ un mes

  ☐ un año

- ¿Quién la cuenta?

  ☐ Alberto

  ☐ un narrador

  ☐ el padre de Alberto

- ¿En qué lugares se desarrolla? Señala tres:

  ☐ piscina

  ☐ colegio

  ☐ casa

  ☐ cine

  ☐ calle

  ☐ coche

- ¿Qué medios utilizan los personajes para comunicarse?

  ☐ el teléfono

  ☐ la carta

  ☐ el ordenador

  ☐ los gestos

  ☐ la palabra

  ☐ papeles escritos

1.2. Numera del 1 al 7 estas situaciones en las que se encuentra Alberto, siguiendo el orden en que aparecen en la historia:

☐ Se toma una pastilla.

☐ Llega a su casa.

☐ Sus padres llegan a casa.

☐ Dibuja un tren.

☐ Se dirige con su madre a la cocina para cenar.

☐ Habla con sus padres por teléfono.

☐ Intenta volverse invisible en el recreo.

1.3. Toda la historia gira en torno a una idea. ¿Sabrías resumirla en unas cuantas frases?

....

....

....

....

2. El protagonista

2.1. El autor no describe físicamente a Alberto, el protagonista, ni tampoco nos dice directamente cómo es. Pero, después de haber leído su historia, seguro que te lo imaginas. Elige las palabras que mejor expliquen cómo crees que es Alberto. Razona tu elección:

inteligente	cariñoso	feliz
triste	alto	simpático
serio	trabajador	mentiroso
sincero	soñador	tímido

- .... porque ....

....

- .... porque ....

....

- .... porque ....

....

139

2.2. Alberto lleva siempre una placa con sus datos personales colgada del cuello. Si tú llevases una parecida, ¿qué datos se podrían leer en ella?

¿Crees que es útil llevarla siempre, aunque conozcas bien tu dirección? ¿Por qué?

2.3. Alberto hizo un dibujo de un tren de mercancías con muchos vagones. También dibujó las vías, unas montañas y un niño.

Realiza un dibujo en una hoja y, después, como ha hecho el autor de esta historia, descríbelo por escrito en un papel.

Explícaselo a tu compañero para que lo dibuje siguiendo tus instrucciones.

Por último, compara los dos dibujos. ¿En qué se diferencian?

3. Los padres

3.1. ¿Qué opinas de los padres de Alberto? Escribe lo que más te gusta de ellos y algo con lo que no estás de acuerdo:

....

....

....

....

3.2. Al llegar a casa, Alberto se encuentra con notas de sus padres escritas en papeles amarillos. ¿Qué te parecería si emplease el mismo medio para contestarles? Ponte en su lugar y escribe un mensaje dirigido a los padres:

4. Los personajes

4.1. Vamos a comprobar si recuerdas a los personajes que aparecen en la historia. Une con flechas el nombre de cada uno con el papel que representa:

ALBERTO   Compañeros de clase

BEGOÑA   Profesora

PALOMA   Protagonista

CHELO   Amiga de Alberto

MARIO   Limpia en casa de Begoña

LALI
Y JACOBO   Vive cerca
             de Alberto

4.2. Si te invitasen a representar esta historia, ¿qué personaje te gustaría ser?

¿Se parece alguno de ellos a alguien que conoces? ¿A quién? ¿En qué se parece? Escríbelo en tu cuaderno.

4.3. Los padres de los compañeros de Alberto tienen oficios muy diferentes: vendedor de medicinas, conductor de autobuses...

¿Dónde trabajan tus padres?

....

....

Si pudieras elegir, ¿qué oficio te gustaría tener cuando seas mayor?

....

....

4.4. El padre de Jacobo está en el paro y envía a las empresas muchos *currículum vitae* para encontrar trabajo. En su *currículum vitae* escribe todos sus datos personales, sus estudios, las actividades que sabe realizar, las aficiones...

¿Has pensado cómo sería tu *currículum vitae?* ¿Por qué no intentas escribirlo en una hoja?

5. El teléfono

Alberto habla por teléfono con sus padres y con Begoña.

Imagina que eres Begoña y llamas a Alberto. Completa la conversación telefónica:

....

....

● Estaba seguro de que serías tú.

....

● ¿Cómo se llaman las pastillas?

....

● ¿Qué quieres decir?

....

● ¡No puede ser!

....

● Vale, Begoña. Gracias. Hasta mañana.

....

6. Juega con las palabras

6.1. En la palabra «*invisible*», el prefijo *IN* indica negación: algo que NO es visible. Pero no siempre aparece de esta forma:

- Cuando va delante de *p* o *b,* se convierte en *IM*.

- Cuando va delante de *l* y de *r (rr)* se convierte en *l*.

Convierte estas palabras en sus contrarias, añadiendo el prefijo que corresponda.

Visible		
Feliz		
Posible	**IN**	
Real		
Cierto	**IM**	
Respetuoso		
Par	**l**	
Legal		
Cómodo		
Prudente		

6.2. En el cuento que escribe Alberto, algunas letras se han hecho invisibles. Escríbelas completando el texto:

«...rase una v...z un n...ño que se im...gin...ba que su ...adre y su ...adre eran in...isibl...s. ...l s...bía que nad...e p...ede vol...er...e i...visi...le, porque aunque era pe...ue...o no era un be...é.

Sus padres tr...b...jaban much... para poder pag...r una ca...a muy bo...ita que se habían co...prado, por eso el niñ... te...ía que estar m...cho t...emp... so...o, esper... ...dolos...»

6.3. Con las letras que forman el nombre de Alberto, intenta descubrir nuevas palabras. Juega a encontrar el mayor número que puedas: *tablero, árbol, letra...*

A	L	B	E	R	T	O

....

....

7. ¡Peligro!

7.1. Alberto corre un gran riesgo al abrir el cajón de los medicamentos. ¡Y no digamos cuando encuentra el frasco de pastillas en la chaqueta de su padre y decide tomarse una! ¿Quién crees que no obró correctamente? Subraya la respuesta:

- Alberto, por ir a buscar los medicamentos.
- Los padres de Alberto, por dejarlos a su alcance.
- Alberto y sus padres.

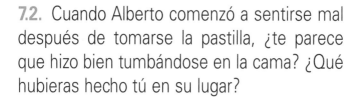

7.2. Cuando Alberto comenzó a sentirse mal después de tomarse la pastilla, ¿te parece que hizo bien tumbándose en la cama? ¿Qué hubieras hecho tú en su lugar?

....

7.3. Si alguna vez te quedas solo en casa, ¿conoces algún teléfono al que puedes llamar en caso de emergencia? Escríbelo:

☎ ....

8. ¡Vaya problema!

La gran imaginación de Alberto y lo poco que ve a sus padres le lleva a pensar que son invisibles.

Alberto tiene un problema.

Si quieres ayudarle, sigue los pasos que te indican cómo buscar la solución de cualquier problema:

A) Identifica el problema con claridad

¿Cuál crees que es el verdadero problema de Alberto?

- Que no sabe estar solo en casa y se aburre.

- Lo poco que sus padres se ocupan de él.

- Que sus padres trabajan muchísimo.

- Que no puede quedarse con sus abuelos.

- Que sus padres tienen que pagar una casa muy cara.

- …

B) Busca el mayor número de soluciones

- Alberto tiene que encontrar alguna afición.

- Alberto y sus padres tienen que hablar más.

- Que sus padres le dejen ver más a sus abuelos.

- Que uno de los dos deje de trabajar.

- Cambiarse a una casa que cueste menos dinero.

- …

C) Anota las ventajas e inconvenientes de cada decisión

En tu cuaderno, anota todas las soluciones que se te han ocurrido. Escribe al lado las ventajas y los inconvenientes de cada una.

Ejemplo:

Solución	Ventajas	Inconvenientes
Que uno de sus padres deje de trabajar.	Alberto los vería más y no se encontraría solo.	No tendrían suficiente dinero para pagar la casa.

D) Toma una decisión

Entre todas las posibles soluciones elige una, la que te parezca más acertada. Procura que tenga más ventajas que inconvenientes.

No todos los problemas tienen solución, y el de Alberto puede ser uno de ellos. Sin embargo, seguro que habrás conseguido que el problema sea menor y más llevadero.

E) Pon en práctica lo que has decidido

Piensa cómo Alberto puede poner en práctica la decisión y resúmelo en un pequeño consejo:

....

....

....

....

....

¿Te has encontrado alguna vez con un problema parecido al de Alberto? ¿Diferente?

....

....

....

....

Prueba a seguir los cinco pasos anteriores para lograr su solución y... ¡no te olvides de seguir tus consejos!

9. ¿Fin o principio?

Terminar de leer un libro no significa que la historia haya acabado... ¡Todavía puedes pasártelo en grande con Alberto y sus padres «invisibles»!

- Préstale el libro a tus padres. Así podréis comentarlo juntos. (En esta historia los padres tienen mucho que «ver»...)

- Busca otro final: los padres confiesan que son invisibles, Alberto consigue volverse invisible y sus padres se dan el mayor susto de su vida...

- Inventa un anuncio para la televisión, la radio o el periódico pidiendo unos padres «visibles», que estén más tiempo contigo.

- Escribe una historia protagonizada por un perro invisible. ¿Qué diría la gente al ver que paseas una correa sin animal?

- Dibuja un cómic que cuente la historia de Alberto. Puedes empezarlo aquí y seguirlo en tu cuaderno.

- ....

....

Estas dos últimas líneas quedan vacías para que sigas escribiendo más ideas. Seguro que se te ocurren muchísimas.

¡Que te diviertas!

Índice

Series de la colección

Aventuras

Ciencia Ficción

Cuentos

Humor

Misterio

Novela Histórica

Novela Realista

Poesía

Teatro

Títulos publicados

A partir de 8 años

● Dispone de cuaderno de Lectura Eficaz.

Otros libros del mismo autor

Luisón. Alfredo Gómez Cerdá
Colección Altamar, n.° 30

Luisón es un niño gordito, alegre e imaginativo que sabe admirar en los demás aquellas cualidades que él no posee. De camino hacia el colegio recorre varios escaparates, y cada uno de ellos le sirve para imaginar con gran entusiasmo todo lo que le gustaría ser de mayor: ¿será sastre?, ¿tal vez pastelero?, ¿o quizá jugador de fútbol?, ¿y artista de circo...? Hasta que, al final, tomará una decisión verdaderamente importante...

Otros libros del mismo autor

Soy... Jerónimo. Alfredo Gómez Cerdá
Colección Altamar, n.° 158

Jerónimo es un niño normal y corriente, ni más listo ni más torpe, ni más alto ni más bajo que los demás. Está enfermo en cama, con varicela, y durante su reposo se dedica a escribir para contarnos cosas sobre su vida, normal y corriente, pero llena de divertidas y entrañables anécdotas.